NF418744

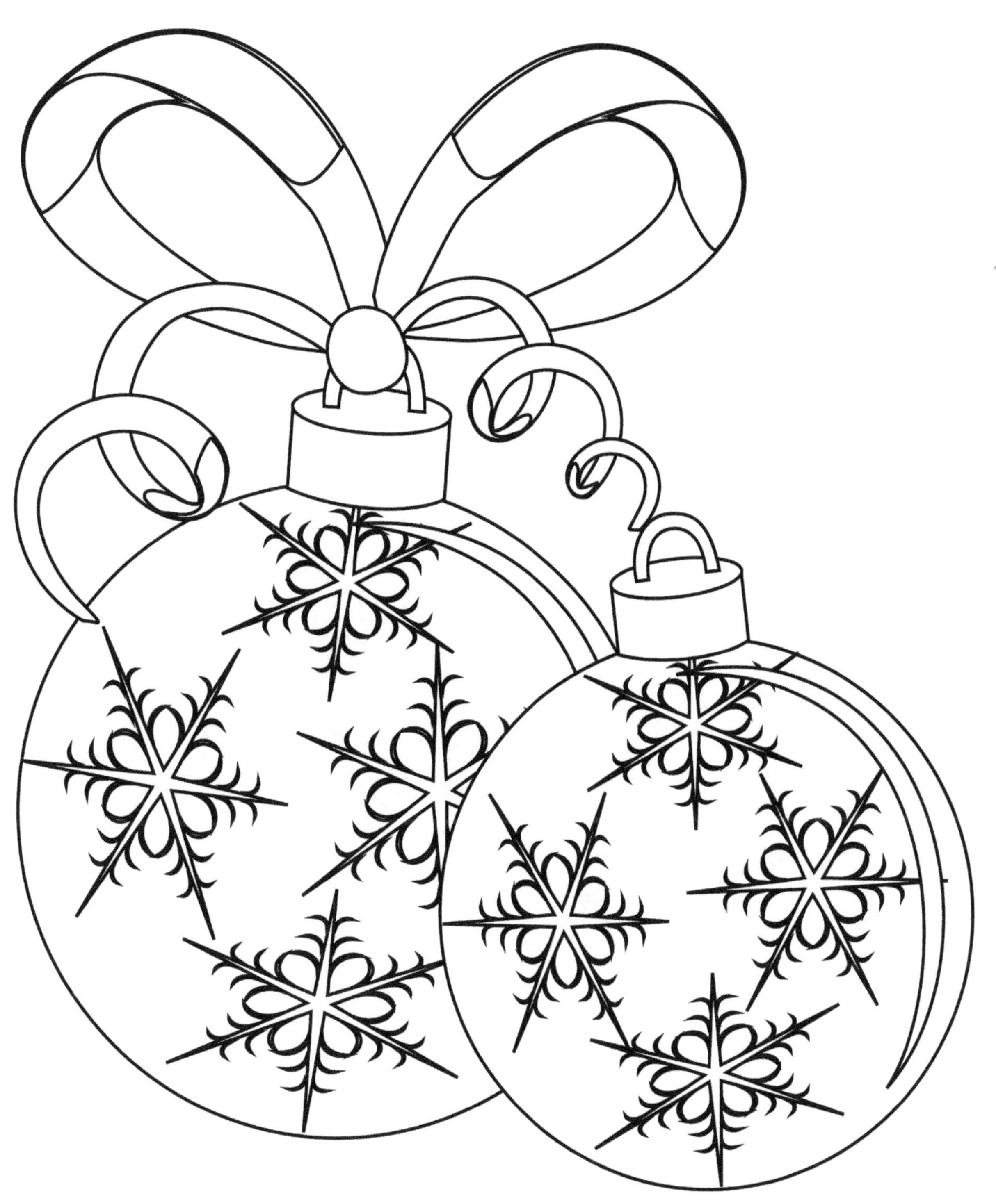

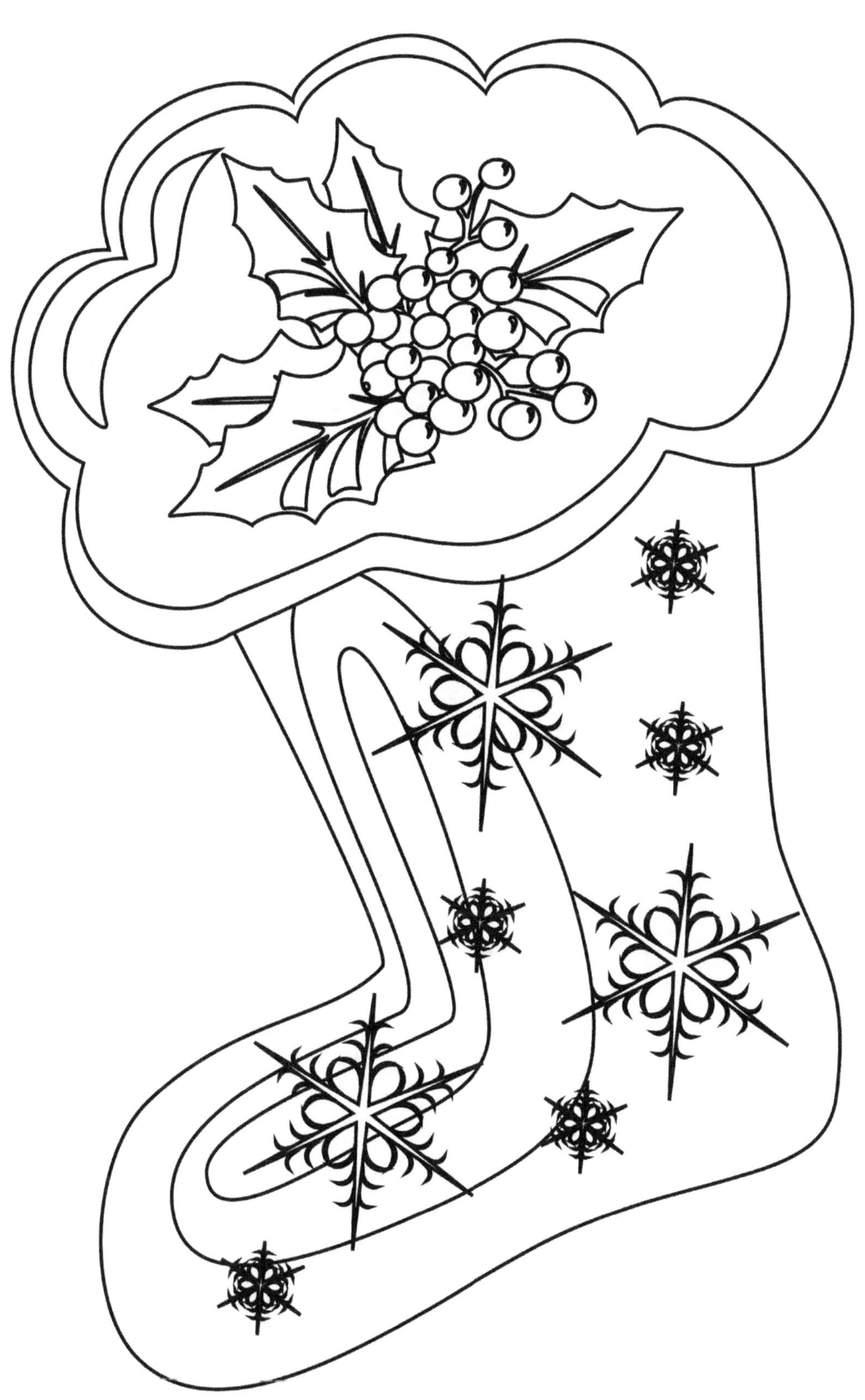

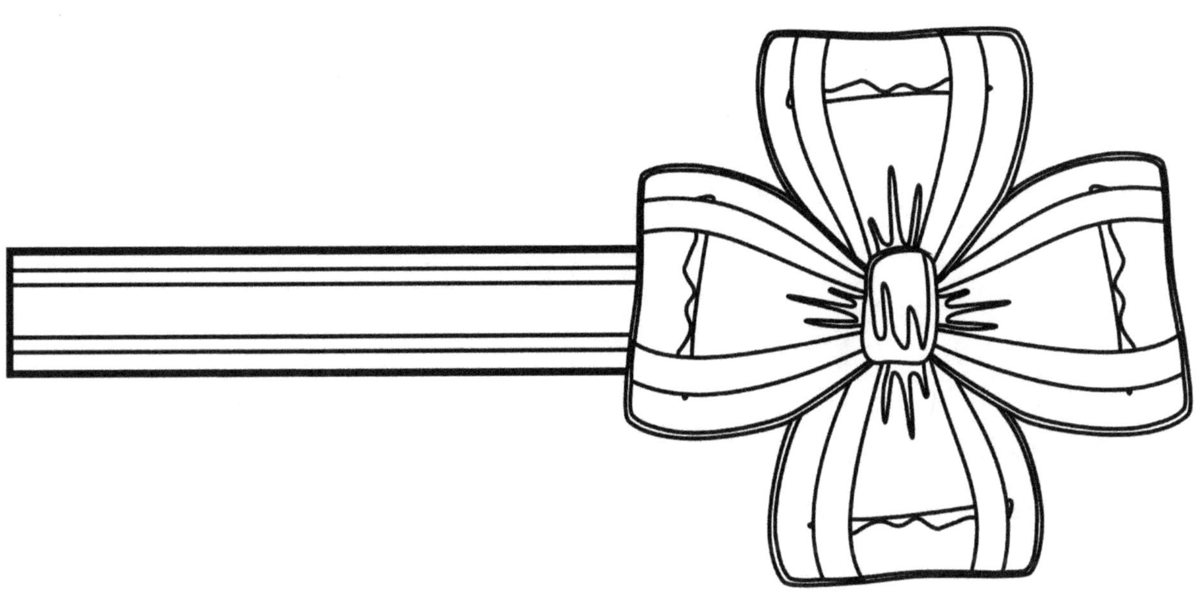

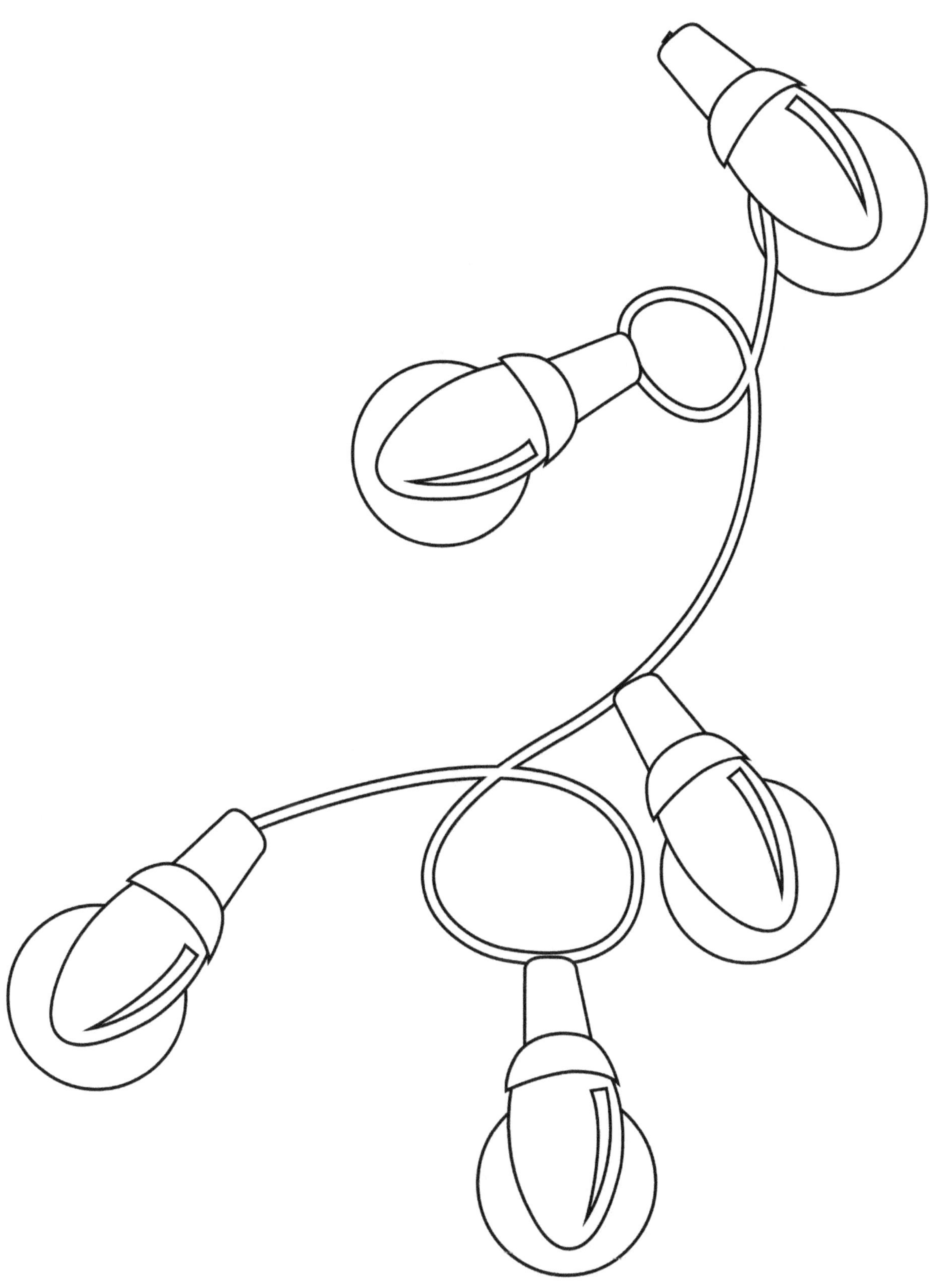

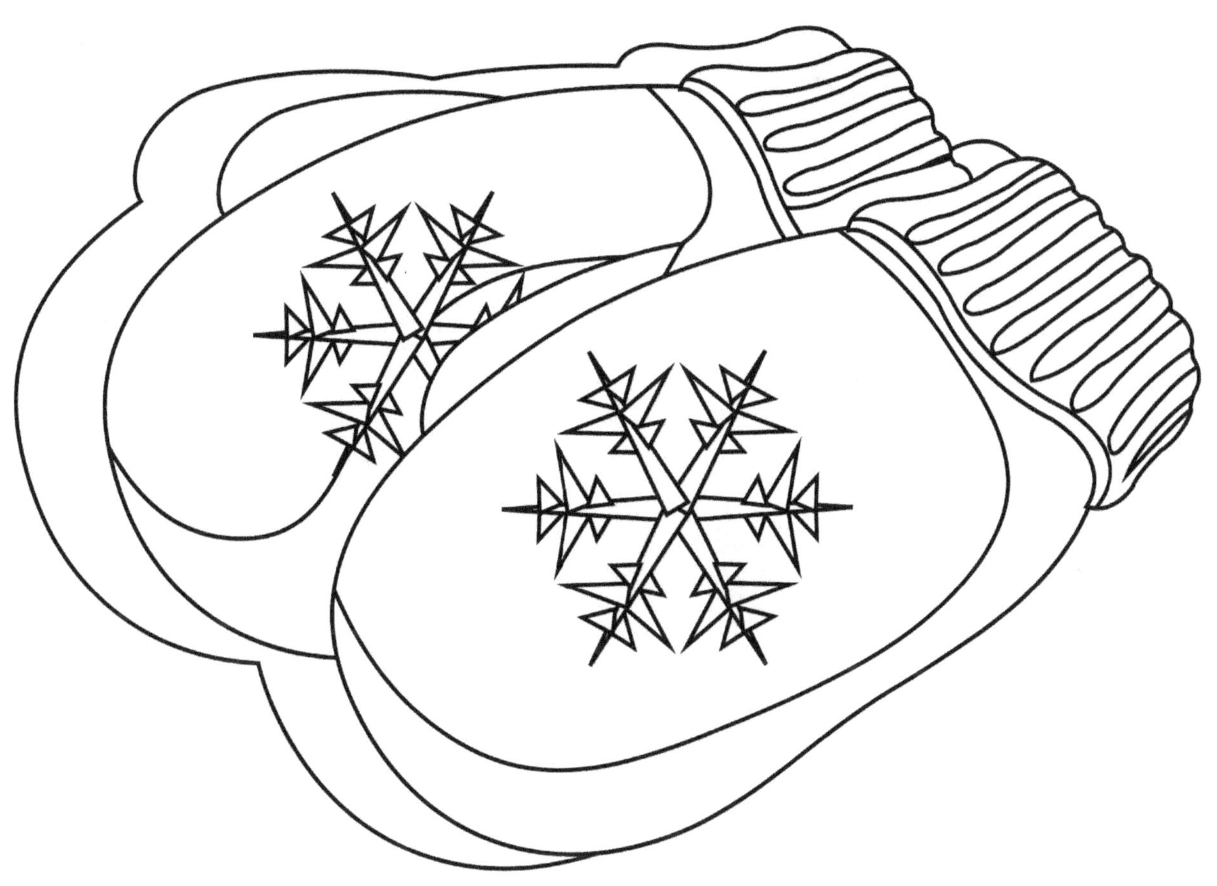

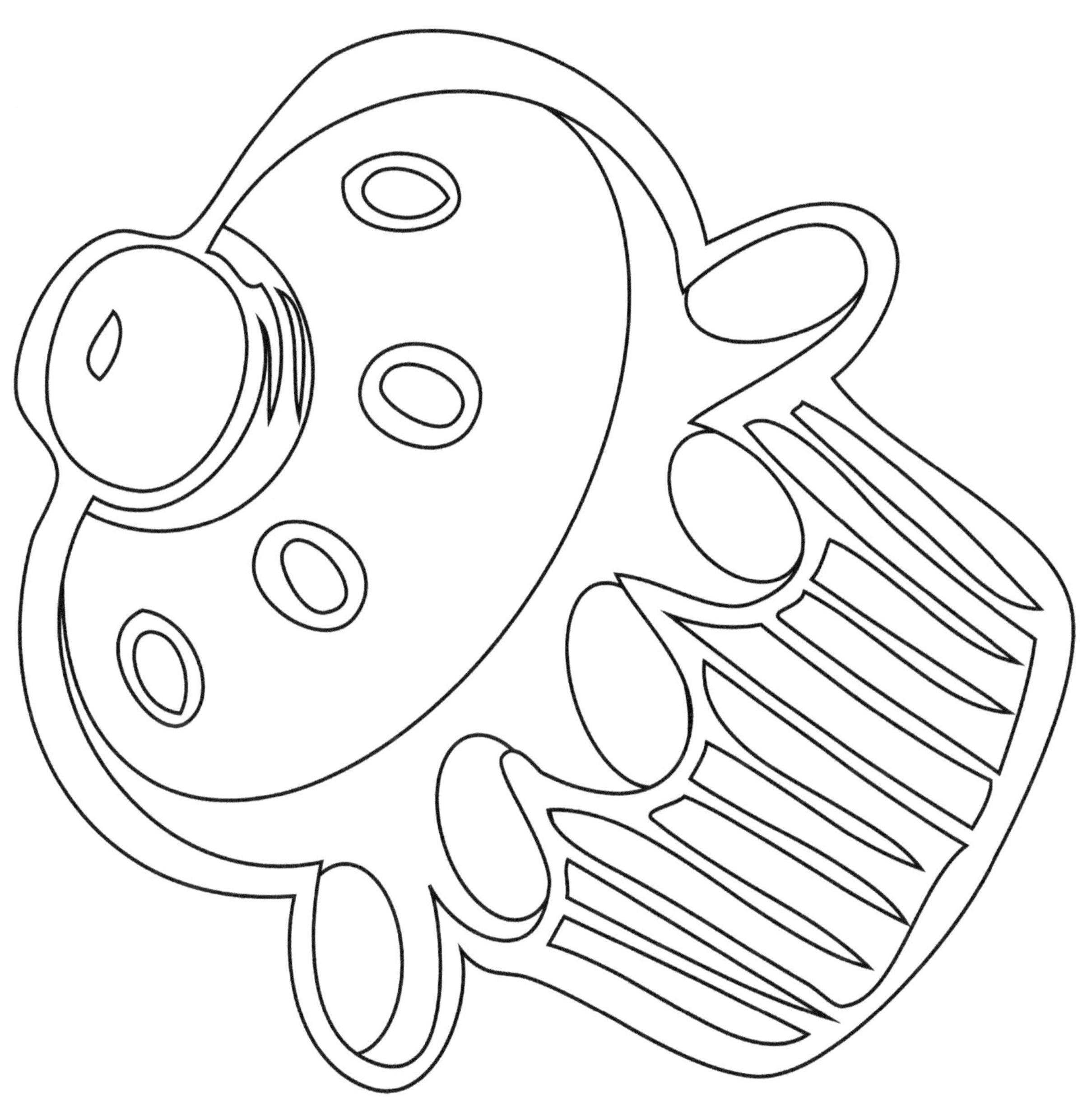

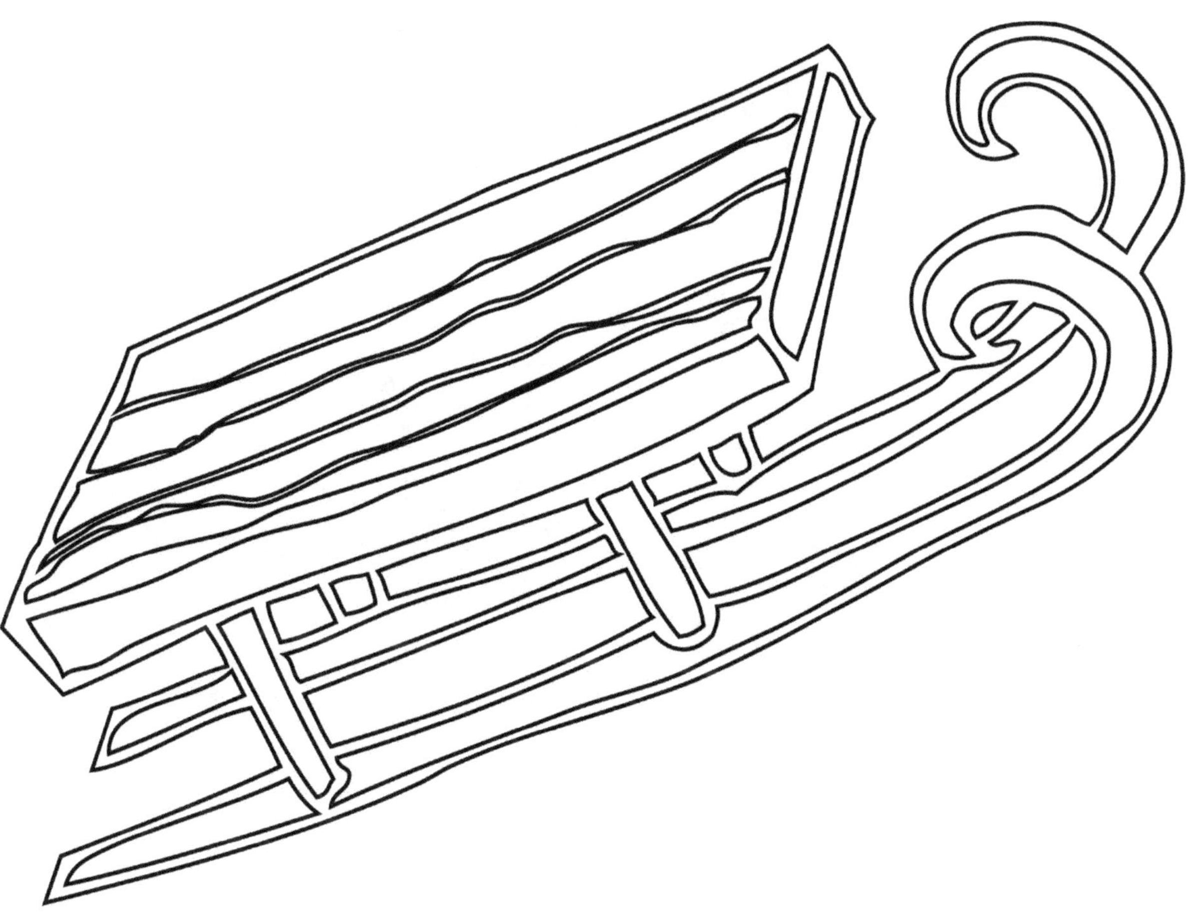

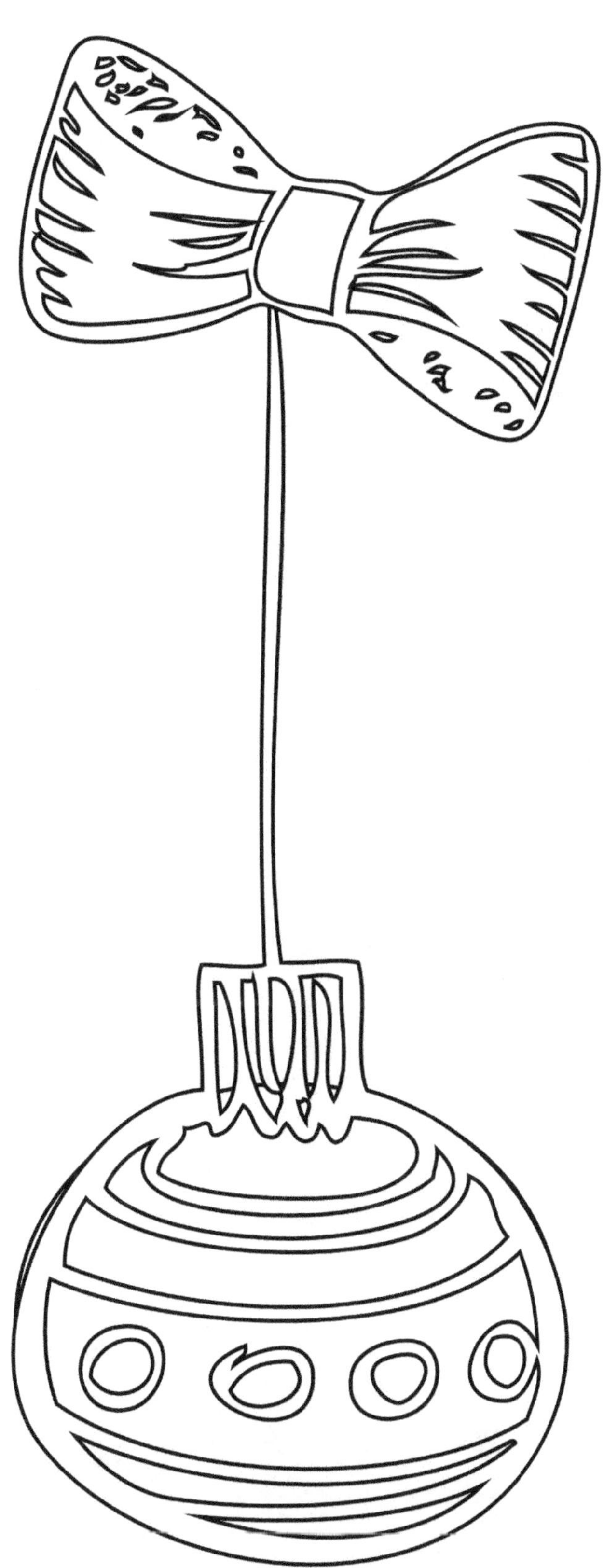

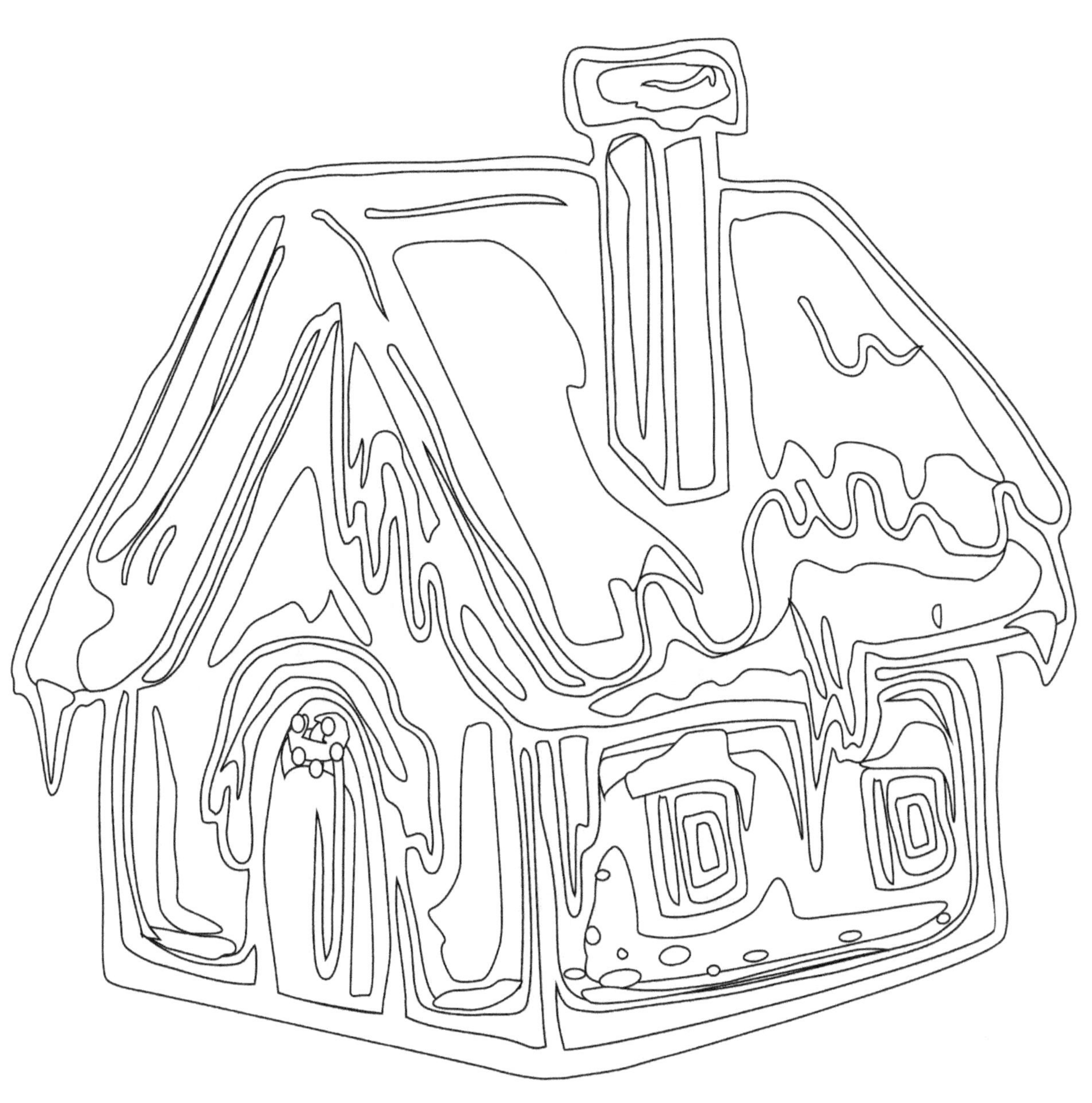

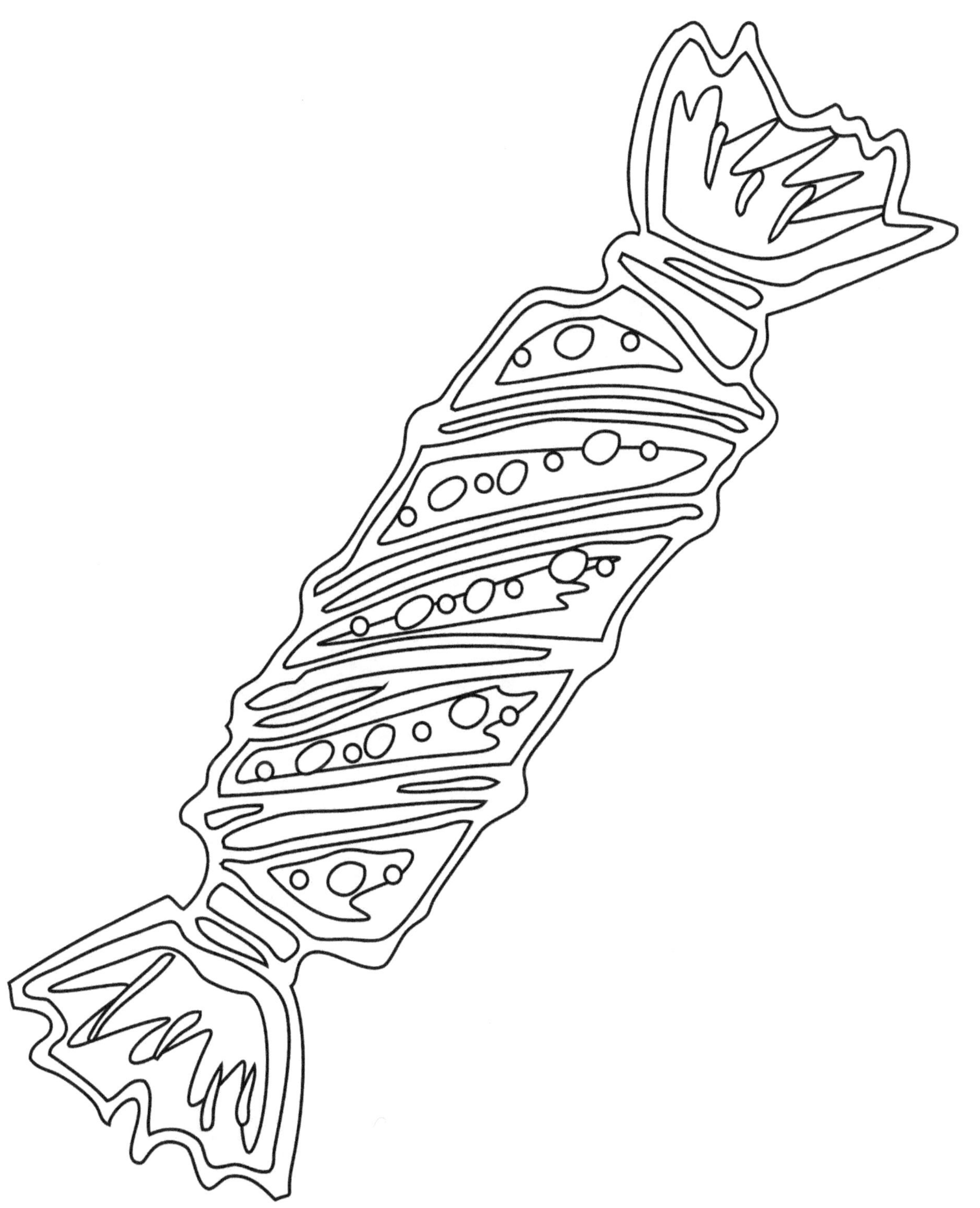

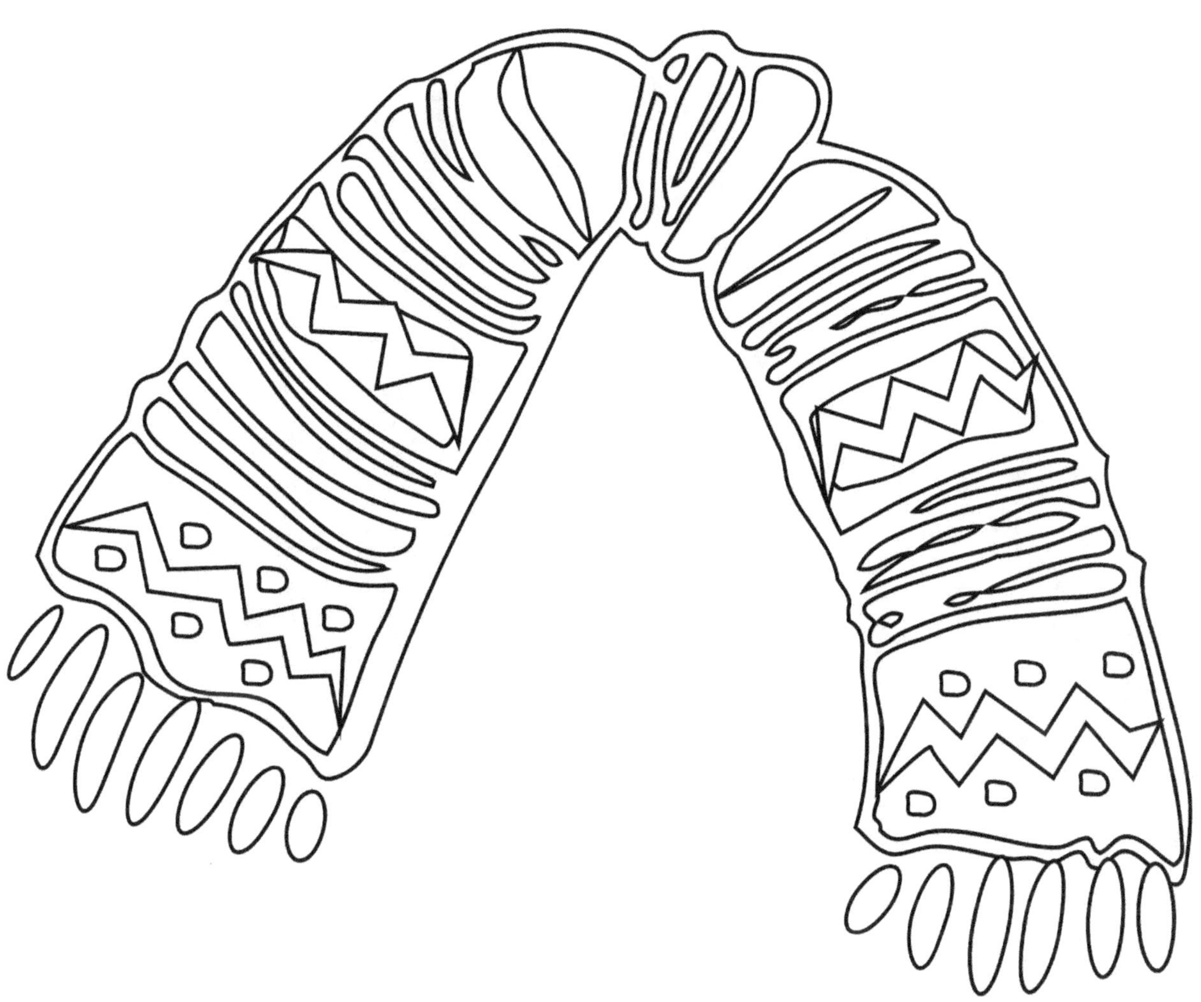

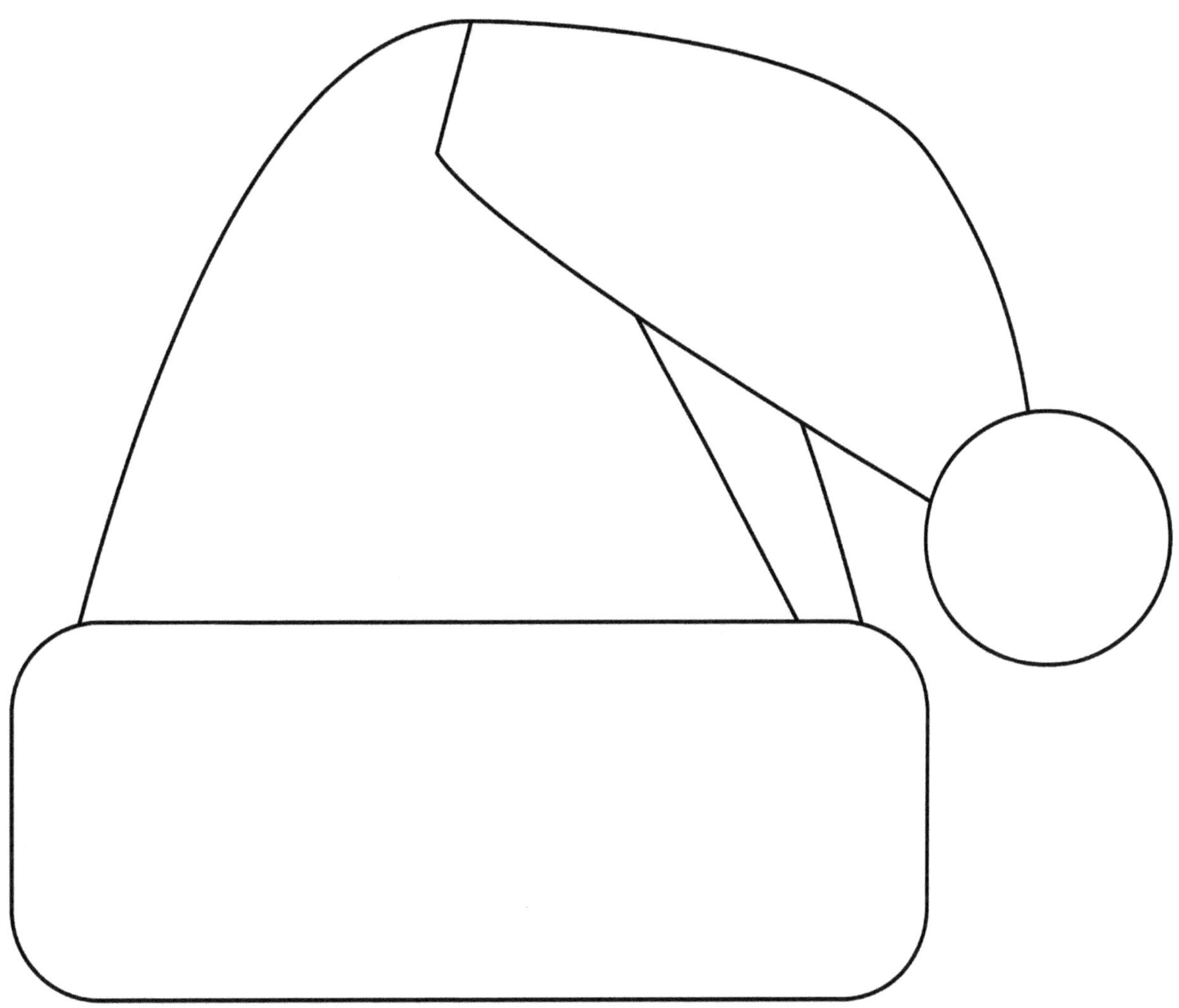

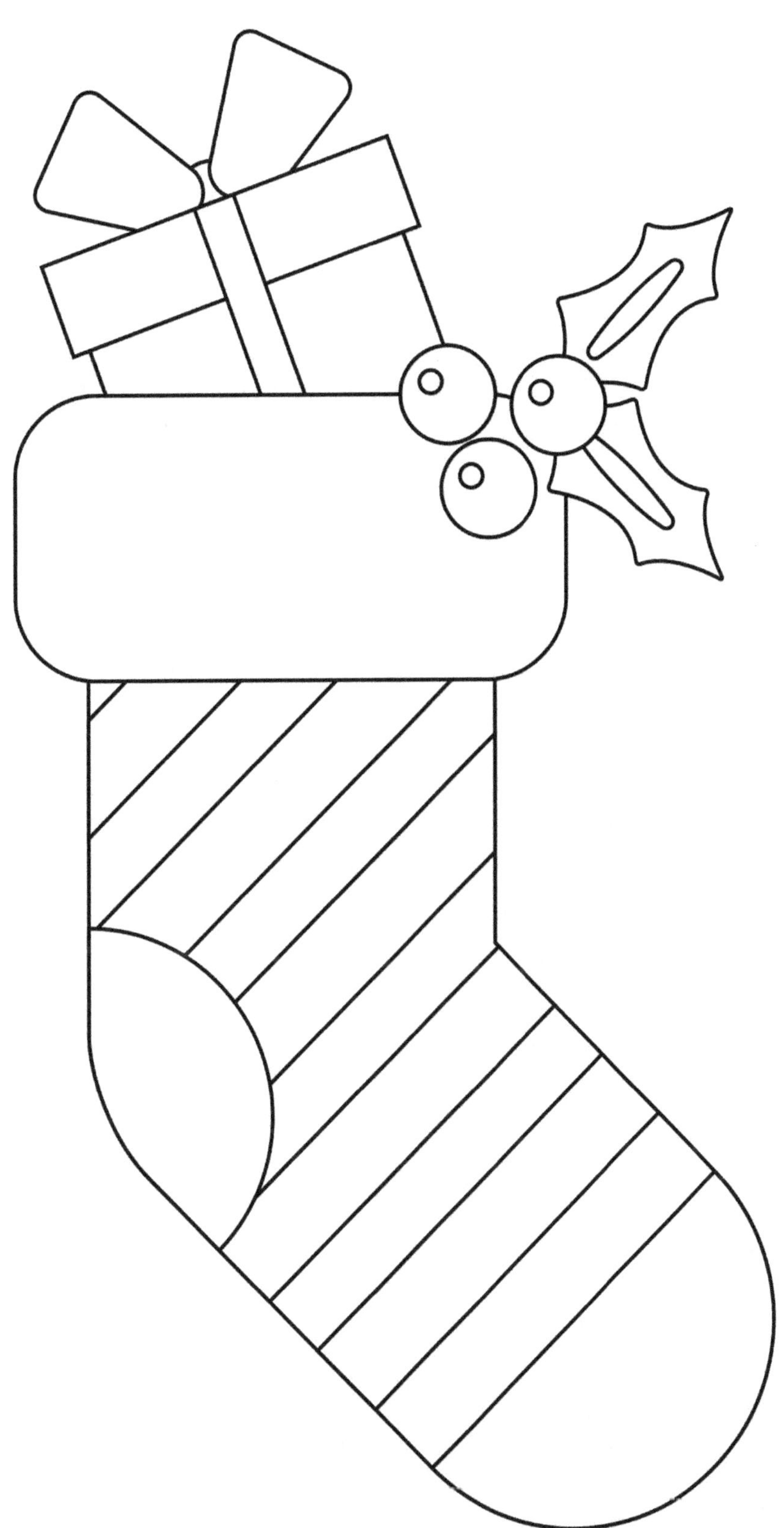

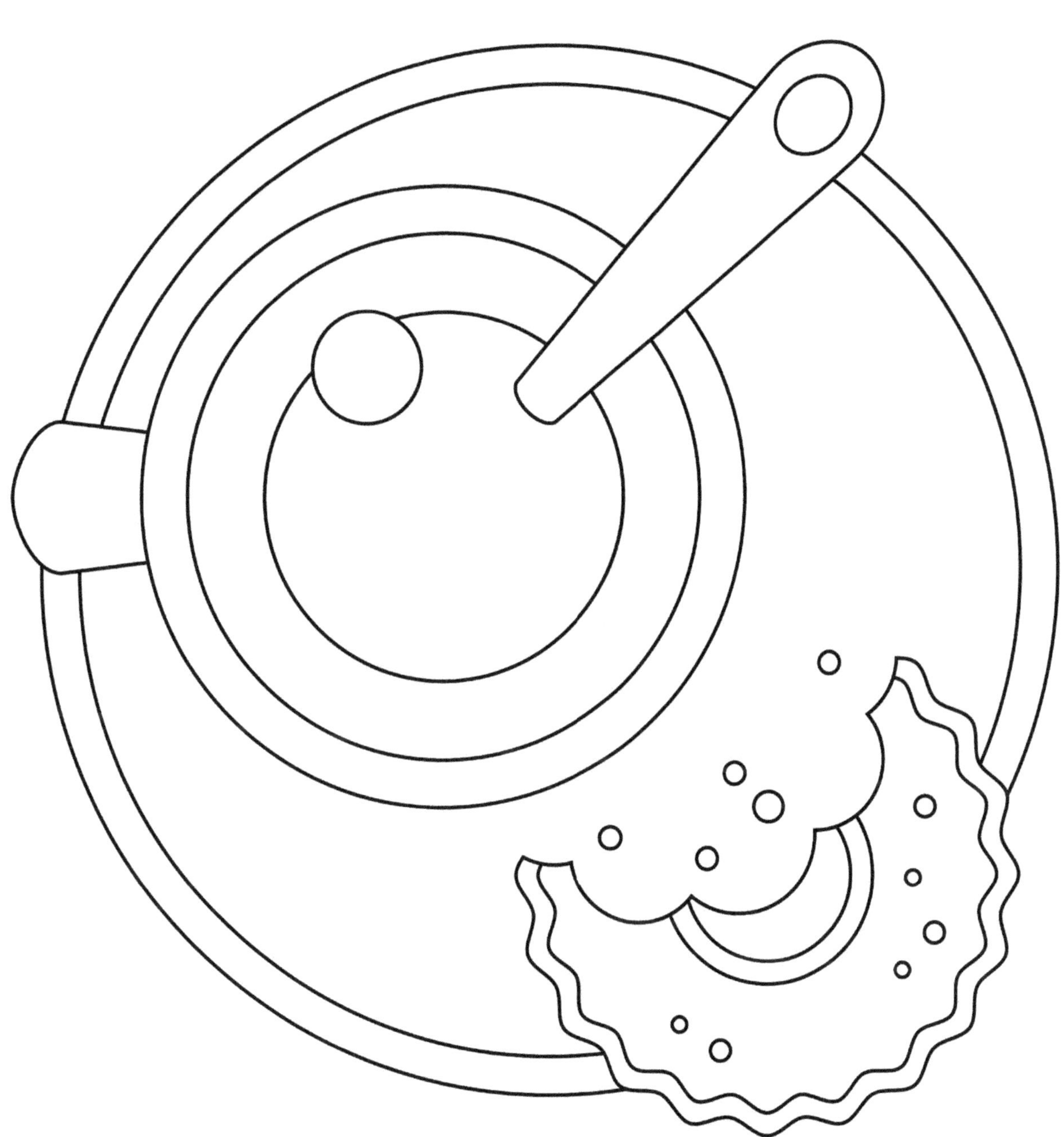

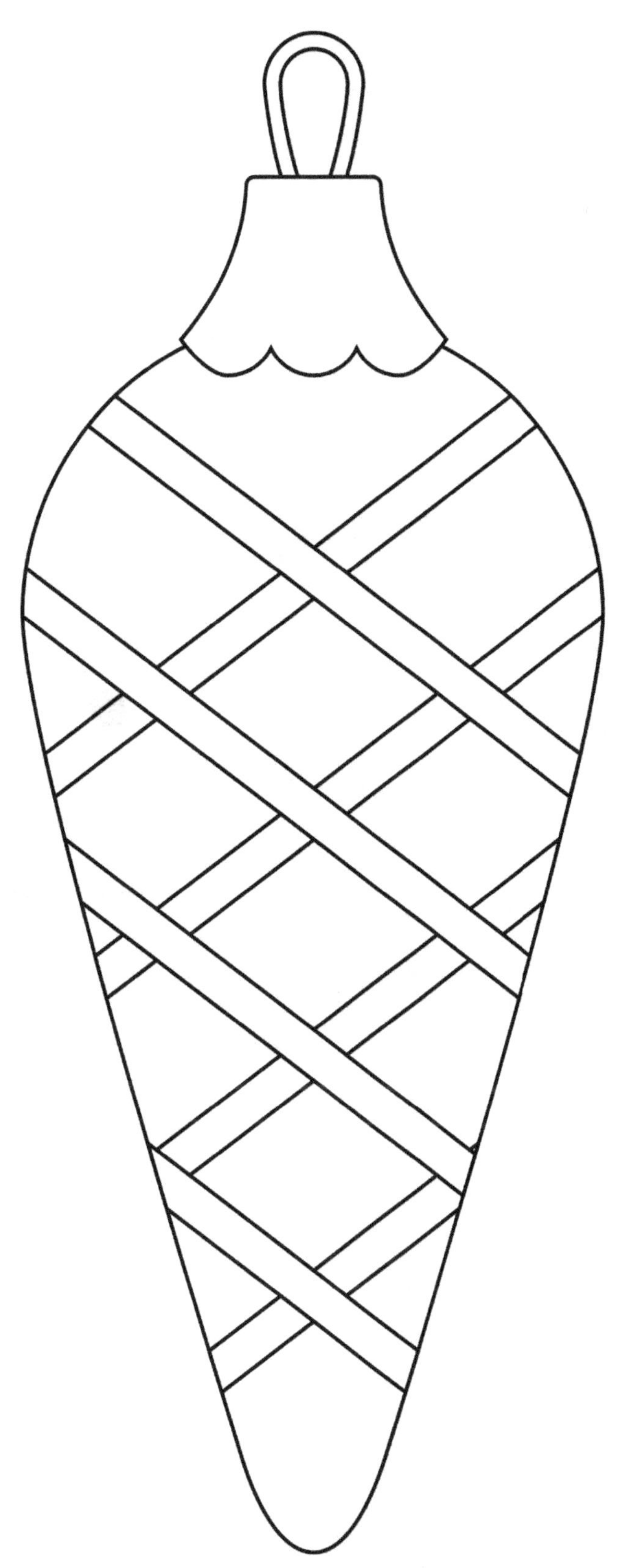